천년의 메아리

시조사랑시인선 22

구충회 시조집

천년의 메아리

열린출판

천년의 메아리

1판 1쇄 발행 2022년 5월 10일

지은이 | 구 충 회
펴낸곳 | 열린출판
등록 | 제 307-2019-14호
주소 | 서울특별시 서대문구 통일로 48길 13, 201호
전화 | 02-6953-0442
팩스 | 02-6455-5795
전자우편 | open2019@daum.net
디자인 | SEED디자인
인쇄 | 삼양프로세스

ⓒ 구충회, 2022
ISBN 979-11-91201-25-3 03810

*책값은 뒤표지에 표시되어 있습니다.
*저자와 협의하여 인지를 생략합니다.

■ 시인의 말

 어느 날 청천의 벽력에다 광풍이 몰아쳤다. 도대체 이것이 천형이냐 재앙이냐. 요한의 묵시록인가 사탄의 저주인가. 이번 '코로나-19'라는 희대의 역병을 겪으면서 인간이 얼마나 미력한 존재인가를 실감한다. 자연을 하찮게 여기고 생태 환경을 무차별로 파괴한 업보가 인간에게 돌아온 부메랑이 아닐까 하는 생각이 들었다. 앞으로 인간은 다시 마음을 가다듬고 자연 앞에 좀 더 겸허한 자세로 살아가야 하겠다는 생각이 어느 때보다도 절실하다.

 사람은 아는 만큼 느낄 뿐이며, 느낀 만큼 보인다고 했다. 우물 안 개구리로 반평생을 살다가 함량 미달인 채로 문단에 나와 보니, 필자가 가는 곳곳마다 스승이 있고 보석같이 소중한 존재가 있음을 깨달았다. 앞으로는 옷깃을 여미면서 살아야 하겠다는 생각을 해본다.

 누가 말했던가? "한일一 자 십 년을 쓰면 붓끝에서 강이 흐른다"라고……. 시조에 입문한 지도 어언 십여 년의 세월이 흘렀건만, 강물은 고사하고 물 한 방울 얻지 못한 채 양미간에 내천川 자만 깊어가니 민망하기 그지없다.

다행히도 우리 역사에 세종대왕과 같은 걸출한 현군賢君이 나타나 미래의 정보시대를 투시透視하고 세계적으로 가장 우수한 한글을 창제하였으니, 이 나라에 태어난 것이 매우 영광스럽고 크나큰 은혜임을 느끼지 않을 수 없다. 세계 언어 중 명품 '한글'의 위력을 빌려 우리의 전통시인 시조를 쓸 수 있다는 게 얼마나 영예롭고 행복한 일인가. 시조처럼 큰 그릇이 세상에 어디 또 있으랴. 천체天體를 담아내도 빈 구석이 남을 정도니, 시조는 채워도 채울 수 없는 여백의 미학이다.

장 콕토가 말하길 "시인은 항상 진실을 말하는 거짓말쟁이"라 했으니, 우리의 소중한 모국어를 일제에 빼앗겼던 그 치욕을 가슴 깊이 새기면서 이 생명이 다할 때까지 '진실을 말하는 거짓말'로 광대무변한 여백을 채우고자 한다.

오늘이 있기까지 필자를 지도해 주신 시천柴川 유성규柳聖圭 박사님과 이 졸저拙著가 나오기까지 작품 하나하나에 과분한 평설로 창작 의욕을 북돋아 주신 평론가이자 세계전통시인협회 한국본부 김봉군金奉郡 이사장님께 감사드리며, 독자 여러분의 지도편달과 질정이 있길 바란다.

2022년 3월 10일
深谷洞 東湖書室에서 구 충 회

■ 차례

시인의 말

제1부 봄이 오면

봄이 오면__17
3월의 노래__18
봄비__19
꽃바람__20
입춘대길立春大吉__21
정유년丁酉年__22
버킹엄의 제라늄__23
네 잎 클로버__24
꽃망울 부풀더니__25
목련꽃__26
수선화__27
5월이 오면__28
카네이션__29
꽃 멀미__30
상사화__31
5월의 노래__32
향수__33
엄니의 봄날__34
부처님 오시던 날__35
낙화를 보며__36
개표開票__37

제2부 하와이 연가

고향 생각__41
열대야__42
바지락__43
선풍기__44
머드 축제__45
하와이 연가__46
태풍__47
폭우__48
새소리__49
자장가__50
감자__51
신혼일기__52
장마__53
호미__54
서편제西便制__55
파도를 보며__56
매미__57
오죽烏竹을 보며__58
혼불__60
최전방 고지高地에서__62

제3부 만추晩秋 여정餘情

모과__65
밤栗__66
할머니의 하루__67
서릿발__68
서리霜__69
오미자__70
단풍 소묘素描__71
단풍 유감__72
아직도__73
코스모스__74
노을__75
가을밤__76
억새의 춤__77
낙엽__78
여백餘白의 미학美學__79
가을비 __80
만추晩秋 여정餘情__81
가을 소묘素描__82
추석 명절__83
황혼__84
나랏 말쓰미__85

제4부 세한도歲寒圖 풍경

첫눈 1 __89
첫눈 2 __90
첫눈 3 __91
눈길 __92
12월 __93
나목裸木의 변辯 __94
겨울밤 __95
새해 __96
설 __97
눈 오는 날 __98
백동백 __99
약도라지 __100
매화를 보며 __101
얼굴 없는 천사 __102
일용직 __103
겨울 강 __104
자작나무 __105
세한도歲寒圖 풍경 __106
첫눈 내리는 날 __107
겨우살이 __108
영부인 삼계三戒 __109

제5부 천년의 메아리

손녀의 투표__113
폼페이의 연인__114
원초적 본능__115
요양원 일기__116
인공눈물__117
어떤 손__118
아들에게__119
미세 먼지__120
꽃제비 국회의원__121
달항아리__122
메아리__123
내로남불(naeronambul)__124
시조란__125
호스피스 일기__126
천년의 메아리__127
농부의 어록語錄__128
아버지의 구두__129
아버지의 초상肖像__130
불면증不眠症__131
주름살__132
선죽교 비가悲歌__133
시인아!__134
시조독립 선포문__135

제6부 백세시대

광화문__139
어른이 되면__140
백세시대__141
어느 날__142
손자가 무서워__143
늙음에 대하여__144
아내의 숨소리__145
어떤 하루__146
이명耳鳴__147
장독대__148
손자에게__149
임종臨終__150
문상問喪__151
만학晩學__152
너 때문에__153
청개구리__154
타이스의 명상곡__155
섭리攝理__156
아, 안중근安重根__157
광야曠野__158
감사__160
동호東湖 비망록備忘錄__161
헐성루歇惺樓에 올라__162
박사가 뭐길래__163

제7부 내 조국 코리아

고향__167
광교산光敎山__168
너와 나__169
세월__170
명품가방 식별법__171
손자__172
심술__173
왕궁의 깃발__174
점멸등__175
추모공원에서__176
흙수저에게__177
교학상장敎學相長__178
스마트폰__179
대한민국의 왕__180
CCTV 작동 중__181
기생충__182
미네르바의 올빼미__183
하피첩霞帔帖 연가__184
베이비 박스__186
참회록懺悔錄__187
느티나무 분재__188
니트족__189
양심선언__191
내 조국 코리아__192

평설: 절조絶調의 서정 시학과 심미적 윤리 /
김봉군(문학평론가)__197

1부 봄이 오면

봄이 오면

입 막고
코 막고
고향길도 막혔지만

오는 봄
어이하여
막을 수가 있으랴

꽃망울
터지는 그 날
활짝 웃어 보리라

3월의 노래

화냥기 주체 못 해
살랑바람 살랑대면

발정 난 벌 나비도
꽃 멀미를 하는데

생과부
허리춤에는
찬바람이 시리다

봄비

깊은 밤 잠든 사이
몰래몰래 숨죽이며

살금살금 찾아오네
소곤소곤 다가오네

진달래
부푼 꽃망울
터트리고 싶어서

꽃바람

시집도 못 간다며
천대받던 우리 누나

꽃바람 살금살금
앙가슴 파고들면

연분홍
립스틱 바르고
어디론가 사라진다

입춘대길 立春大吉

입춘에
눈 내리니
기쁘지 아니 한가

홍 동백
꽃망울이
터질 듯 부풀더니

우리 집
막내며느리
옥동자를 낳았다

* 2021. 2. 3. 입춘 날 경기지역에는 눈이 내렸다.

정유년丁酉年

칼바람
몰아쳐서
매화꽃 눈먼 봄에

고운 몸
할퀸 상처
핏자국만 남기더니

아사달
씨암탉 하나
촛불 속에 타버렸다

*정유년丁酉年은 박근혜 대통령 탄핵되던 2017년을 말한다.

버킹엄의 제라늄

선망을
훔쳐보는
시선들이 곱더라

핑크빛
꽃 내음이
미소처럼 번지더니

그 여인
엘리자베스
봄 햇살에 부시다

네 잎 클로버

책갈피 깊숙한 곳
숨겨 보낸 마음은

순결로 맺은 언약
가슴 설렌 첫사랑

지금도
네 잎 클로버는
몸 사르는 그리움

꽃망울 부풀더니

백설이
야윈 계곡 봄비가 내렸다

실가지
숨은 속살 꽃망울 부풀더니

가시내
수줍은 볼에 복사꽃이 피었네

목련꽃

피는 듯 지는 것이
숙명인 줄 알면서도

못다 한 영혼들이
시린 하늘 맴돌다가

봄 햇살
간지러운 날
자지러진 흰 웃음

수선화

육모 난 은 접시에
받쳐 든 황금 술잔

농염한 그 향기에
도취된 자기 사랑

요정도
뿌리쳤어라
물속에 핀 영혼이여

5월이 오면

선홍빛 영산홍은
울 엄니 혈흔이다

날 낳은 산통이
속살을 파고들면

뻐꾸기
우는 소리에
산허리도 저리다

카네이션

골절이
시려 오는
내 인생의 끝자락

선홍빛
카네이션
내 가슴에 달던 날

회한이
얼룩진 불효
꽃잎마다 맺혔소

꽃 멀미

호숫가 둘레 길로
봄맞이 나온 꽃이

빌붙는 꽃바람에
시달리다 지치다

현기증
이기지 못해
호수 속에 누웠다

상사화

만나지 못하니
이별인들 있으랴

불면에 시달리며
몸 사르는 짝사랑

그리워
그리워하다
저 혼자 피고 지네

5월의 노래

청보리 목덜미를 간질이는 햇살인 걸
찔레꽃 짙은 향에 취해버린 바람인 걸
날더러 어쩌란 말야, 미치게 부신 날을

햇살이 애무해서 몸부림을 치는 거야
바람이 살랑대서 그 향내가 짙은 거야
날더러 어쩌란 말야, 환장하게 좋은 날을

향수

고향 집 부모·형제 생각나는 거겠지
하늘을 치받고 선 아파트 한구석에

장독들
옹기종기 모여
앉아있는 걸 보면

연분홍 꽃물 들여 조각달 숨긴 손톱
어쩌면 소꿉동무 그 애가 그리운 게야

저렇게
봉선화 몇 그루
심어놓은 걸 보면

엄니의 봄날

여태껏 퍼질러서 잠만 자면 워쩔 겨
텃밭에 열무씨는 철 지나야 뿌리능 겨?
바가지 열무비빔밥에 환장허는 지지배

묵은 씨 뿌리면 싹틀 리가 읍능 겨
시집두 새끼두 때가 있는 벱이닝께
몸 성헌 남정네 만나 얼른얼른 가야 혀

쑤세미 머리빡에 몸뻬바지 선머슴
말만 헌 지지배가 코만 골구 있응께
원제나 제짝 찾을지 개갈 안나 죽것슈!

부처님 오시던 날

부처님 오시던 날 마중인 양 가시더니
산자락 베개 삼아 양지 녘에 누우셨네
초파일 막걸리 한 잔 어머님께 올립니다

가슴에 막힌 체증 훑어내던 막걸리가
젖 떼려 바르셨던 금계랍 그 맛이라
어릴 적 보채던 투정 다시 부려 봅니다

별을 담은 정화수로 불공을 드리더니
잔디를 이불 삼아 와불臥佛이 되셨나요
저 몰래 무량수전에 극락왕생 하셨나요

애증의 세월 건너 파도치는 메아리여
명치 끝 저려오는 막걸리 또 한 잔은
어머님 떠나신 자리 쓰디쓴 그 맛입니다

*금계랍金鷄蠟: 염산과 키니네를 화합하여 만든 바늘 모양의 흰 가루약. 학질, 신경통, 감기 따위에 해열 및 진통제로 쓰였으나 그 맛이 매우 쓰기 때문에 옛날에는 아기의 젖을 떼기 위하여 쓰였음.

낙화를 보며

꽃이란 행복의 덫에 걸린 불행이다
낙화란 가식의 탈을 벗은 진실이야
눈 감고 들여다보면 그럴듯한 이치다

사랑을 담뿍 받다 행복에 흠뻑 젖다
조각난 영혼들이 미련 없이 지는 거야
윤회란 숙명을 안고 제 갈 길 가는 거지

이별 끝 남긴 자리 물망초가 되었다가
봄바람 다시 불면 지는 듯 피는 거야
꽃이란 그런 거란다 낙화도 그런 거다

개표開票

국운이라 체념하고
하늘에다 맡겼건만

눈 뜨면 아슬아슬
눈 감으면 조마조마

밤새껏
피를 말린다
눈꺼풀이 떨고 있다

*2022년 3월 9일에 치러진 제20대 대통령 선거 개표 참관기다. 개표 결과 윤석열 후보는 48.56%, 이재명 후보는 47.83%를 득표하여 역대 최저 0.73%(24만7077표) 차이로 윤석열 후보가 당선된 박빙의 승부였다.

2부 하와이 연가

고향 생각

별무리
총총하게 은하수로 뜨는 밤

모깃불
쑥 내음이 가슴을 파고들면

반딧불
꽁무니에도 파란 별이 솟았다

열대야

땀 냄새 찌든 하늘
먼동 트는 새벽녘

선풍기 혼자 돌다
기진맥진 늦잠 들고

잠 설친
허연 낮달이
누런 하품 쏟아낸다

바지락

파도에 시달리다
진흙 속에 묻힌다

막힌 숨 신음으로
묵언 수행 하다가

번뇌를
토악질하고
열반하는 사리다

선풍기

전기세 공포 속에
숨 막히는 열대야

가쁜 숨 몰아쉬며
목 빠지게 돌더니

몸통이
열을 받아서
분통만 토해낸다

머드 축제

왜 멀쩡헌 대낮에
벌거벗구 지랄이여!

워쩌자구 몸뗑이를
흙탕물루 맥질했댜

허기야,
제 정신으루
사는 늠이 워디 있남

하와이 연가

은결로 감은 머리
홍조 띤 볼우물은

야자수 초록 물로
새겨 넣은 내 문신

지워도
지울 수 없어라
그림 같은 그 얼굴

태풍

우주의 털끝으로
바람을 일으켜서

인간을 실험하는
광란의 일침이다

머리 위
하늘이 있음을
가슴에 새기라는

폭우

염천이 녹아내려
폭염에 지친 자리

갈증이 말라붙어
사막이 된 황야에

빗방울
폭탄이 되어
폭포처럼 쏟았다

*2020년 가을에는 한여름 같은 폭우가 계속되어 많은 피해를 입혔음.

새소리

수컷의 비명 같은
구애의 멜로디다

밤새껏 뜬눈으로
별 무리 토해내는

핑크빛
세레나데가
윤사월을 울린다

자장가

돌맞이 손자 놈의
쪽파 같은 발가락

새근새근 골다가
새소리에 꼬물꼬물

날마다
고 녀석 보며
자장가를 부른다

감자

삼복에 비바람이
응어리진 열매다

쓰든 달든 한평생
숙명이라 여기면서

칠 남매
가슴에 품다
불심이 된 엄니다

신혼일기

돗자리
한 장 깔린
신혼집 월세방

바위에
부서지는
파도 소리 칠 때마다

"새색시,
어디 아파요?"
노크하는 할머니

장마

솟대 끝 앉은 새는
비만 오면 물을 켠다

가쁜 숨 몰아쉬며
햇볕 한 줌 얻으려다

장마에
토사곽란吐瀉癨亂에
박제剝製로 살고 있다

호미

바람만 드나드는 고향 집 헛간에는
손바닥 물집 터진 아버님의 호미가
지금도 먼지를 덮고 긴 잠을 자고 있다

뼈마디 연골처럼 닳고 닳은 한평생
얼룩진 땀방울에 등허리 굽은 채로
가신 지 수십 년 넘게 녹슨 세월 살고 있다

서편제 西便制

뻐꾸기 울다 지친 소릿재 저무는 날
눈이 먼 수양딸의 한이 맺힌 응어리

구성진
진도 아리랑
노을빛이 서럽다

판소리 한 마당이 천륜의 탯줄인 양
득음은 가시밭길 피를 토한 아픔이라

천년 학
보리피리에
청산도가 저리다

---

*천년 학: 2007년도에 개봉한 임권택 감독의 100번째 영화작품으로 〈서편제〉의 후속편이나 여기서는 〈서편제〉의 연주음악(OST)을 말함.

파도를 보며

바다를 호통치듯 서슬 퍼런 그 시절
하늘을 치받다가 바위에 부딪치다
나 혼자 박살 나면서 비명을 질러댔지

원양선 치켜올린 중년의 한 자락은
부릅뜬 참치 눈에 온 세상 구겨 박고
뱃고동 나팔 소리에 덩실덩실 춤도 췄지

서산에 지는 노을 바다 고은 황혼 녘
내 영혼 이름 하나 세월로 지우리라
저 파도 숱한 사연도 물거품만 남는데

매미

찜통에 숨이 막혀 우는 줄만 알았지
불볕에 타죽을라 우는 줄만 알았지
제 짝을 부르는 소리 애절한 걸 왜 몰랐어

어둠 속 숱한 세월 순결로 신음하다
운우가 요동치며 절정으로 질러대는
단말마 외마디 소리 처절한 걸 왜 몰랐어

이슬로 연명하다 이슬처럼 떠난 자리
대답 없는 메아리만 허공을 맴돌더니
날마다 내 귓속에서 이명으로 울고 있다

오죽烏竹을 보며

사임당 초충도草蟲圖의 가지색을 칠했느냐
몽룡실夢龍室에 날아든 흑룡 빛의 얼룩이냐
오죽을 눈앞에 보며 고고성呱呱聲을 듣는다

구도장원九度壯元 유비무환 눈물로 상소한들
당쟁黨爭에 눈이 멀어 쇠귀에 경經 읽기라
까맣게 타들어 가는 우국충정憂國衷情 가없다

십 년 앞 뚫어보고 양병養兵을 호소해도
태평성대 풍파란다 탄핵彈劾이 웬 말이냐
쌓인 한恨 멍이 든 후회 땅을 치며 통곡하네

*구도장원九度壯元 유비무환: 생원시, 회시, 전시에 장원하여 九度壯元(生員試, 進士試, 會試, 殿 三試 등 六度와 別試 三度 都合 九度)한 율곡栗谷(1536~1584)이 임진왜란이 일어나기 10년 전인 1583년 전란에 대비하여 당시 선조에게 건의한 여섯 가지 정책(時務六條啓)을 말하니, 다음과 같다.
첫째 어질고 능력 있는 사람을 임명할 것
둘째 병사와 백성을 배불리 먹일 것
셋째 재정 경비를 충족하게 마련할 것
넷째 나라의 울타리를 든든하게 할 것
다섯째 군마와 장비를 든든히 준비할 것
여섯째 백성의 마음을 바른 길로 밝힐 것

혼불

두류산 봉봉마다 파랗게 숨 쉬는데
지천명 고개 넘기 그리도 힘들던가
세월이 흐르는 강은 혼불을 밝히는데

목마른 모국어를 손끝으로 새기더니
온 정성 쏟아부어 한 자 한 자 새기더니
왜 갔어, 빗속에서도 혼불 저리 타는데

노적봉 바위 밑에 혼불을 지핀 이여
혼불을 지피다가 제 영혼을 사른 이여
그대의 모국어 사랑 무궁화로 피어라

*혼불: 최명희(1947년10월10일~1998년12월11일)가 1980년 4월부터 1996년 12월까지 17년 동안 혼신을 바친 대하소설. 일제 강점기 때 사매면 매안마을의 가문을 지키려는 유서 깊은 양반가의 종부 3대와 민촌 거멍굴 사람들의 이야기를 통해 우리 선조들의 정신과 숨결, 염원과 애증을 우리의 아름다운 가락으로 생생하게 그려냈다. 특히 우리 민족의 세시풍속, 관혼상제, 음식, 노래 등 민속학적, 인류학적 기록을 철저한 고증을 통해 생생하게 복원해 낸 「혼불」은 한국문학사에 길이 남을 뿐만 아니라, 한국문학의 새 지평을 연 기념비적인 작품이다. 「혼불」의 이야기는 1930년부터 1943년까지 이어지고, 이후의 현대사를 이어가기 위해 최명희는 '완간'이라는 표현을 쓰지 않았다. 그러나 1998년 앞으로 써나갈 글감만 남겨둔 채 난소암으로 51세 젊은 나이에 사망했다.

최전방 고지高地에서
- 6.25 70주년에 -

칠십 년 덧난 상처 이끼 낀 과거사니
또다시 '육이오'냐 탓하지는 말게나
기억은 살아남은 자의 양심이 아닌가

태곳적 침묵처럼 숨죽인 계곡마다
억새풀 우거진 숲 바람조차 잠든 날
산새들 울음소리에 산허리가 저리다

한겨울 야윈 새도 발자국을 남기건만
산화한 청춘이여, 어디에 잠들었나
오는 봄 햇살 퍼지면 복수초로 깨게나

휴전선 넘나드는 저 구름아 말해다오
끊어진 핏줄을 어느 시절 이을 거냐
숨 가쁜 칠 부 능선은 황혼이 드는데

3부 만추晩秋 여정餘情

모과

생김새 투박하면
피부라도 고와야지

검버섯 흉하더니
네가 바로 나였구나

향수만
뿌리지 말고
마스크를 써보렴

밤栗

긴 꽃대 짙은 향은
정사의 에필로그다

갓난것 겹겹 싸서
애지중지 키웠더니

어느새
알몸이 되어
치마폭에 안기더라

할머니의 하루

생존의 무게만큼
폐지는 천근만근

골절로 뒤뚱대는
리어카 두 바퀴에

할머니
숨찬 하루가
노을 되어 감긴다

서릿발

불에 달군 시우쇠
모루에다 짓찧어서

밤새껏 날을 세운
시퍼런 칼날이다

하이얀
미소를 품은
원부의 은장도다

*시우쇠: 무쇠를 불에 달구어 단단하게 만든 쇠붙이

서리霜

입 밖에 내지 못할
극비의 상형문자

구천을 맴돌다가
얼어붙은 눈물이다

망자가
숨긴 사연을
알고 싶은 가을밤

오미자

오욕에
눈이 멀어
발광을 하더니만

그 맛은
시고 쓰고
달고 맵고 짠 거야

인생도
그런 거란다
그 맛에 사는 거지

단풍 소묘素描

노을로 타는 잎이
선혈보다 더 붉다

스스로 때를 알아
제 몸을 불사르니

이승 끝
소신공양이
꽃보다 아름답다

단풍 유감

역성에 반기 들다
철퇴로 흘린 피가

일락서산 노을 되어
봉우리에 젖어 드네

육신은
간 곳 없어라
단심만이 낭자하다

아직도

갈색빛 소슬바람
낙엽 지는 황혼 녘

상처로 새긴 문신
어디에 남았는지

아직도
그리움 하나
지울 수가 없어라

코스모스

고와서 미운 사랑
하늘에 뿌려 놓고

못 잊어 기다리다
목이 긴 여인이여

먼 여로
외로운 길을
함께 걷는 길동무

노을

복사꽃 아롱지던
그 사람 보내놓고

초혼가 불러 봐야
대답 없는 메아리

먼 옛날
그리움마다
한 맺힌 엘레지여

가을밤

철없이 울다 지친
귀뚜리도 잠든 밤

억새풀 시든 머리
소슬바람 시린데

창가에
서성이는 달
날더러 어쩌라고

억새의 춤

늦가을 황혼 녘에
억새가 춤을 춘다

백발의 춤사위가
윤슬보다 부시다

노년이
즐거워야지
춤추는 억새처럼

낙엽

무심코
발등에 떨어지는 잎새 하나

길 따라
가는 건데 왜 하필 발등인가

아무리
생각해 봐도 알다 모를 조화여

여백餘白의 미학美學

세상에 시조마냥 큰 그릇이 또 있나

천체天體를 담아내도 빈 구석이 남는다

채워도 채울 수 없는 여백의 미학이다

가을비

허공을 빗금 치듯 가을비가 내린다
들릴락 말락 하는 피안의 이명소리
탈진한 메아리처럼 가을비가 내린다

시들은 갈색 바람 신음으로 맴돌다
억새풀 마디마디 외로움 파고들면
명치끝 아픈 기억이 눈물 되어 흐르나

숨죽인 빗소리에 잎이 지는 저물녘
무반주 첼로의 가라앉는 선율처럼
그 사람 발자국마다 가을비가 내린다

만추晩秋 여정餘情

높푸른 하늘이 호수 위로 뜨는 날
핏기 가신 낙엽이 실없이 지고 있다
한마디 원망도 없는 결별의 몸짓이다

서릿발 소슬바람 추워서 잎이 지랴
그 잎이 지는 까닭 알아서 무엇하리
떠날 때 떠날 줄 아는 뒷모습이 고와라

섭리는 밤낮으로 해와 달을 돌리면
계절은 어김없이 제 갈 길을 가건만
무릎이 꺾이는 소리 통풍보다 아프다

가을 소묘素描

낙엽 지는 소리는 단조의 메아리다
작별을 잉태한 사랑이기 때문이다
노을이 시들 때마다 사랑이 지고 있다

귀뚜리 우는 소리 잠 못 드는 밤이면
피에타 마리아의 소리 없는 통곡처럼
가을은 눈물 없이도 우는 법을 가르친다

내뱉는 말보다는 생각이 깊은 계절
사색은 충만하고 지성은 깊어간다
가을은 심연 속으로 가라앉는 침묵이다

추석 명절

입 막고 코 막으니 숨 막혀 못 살겠네
내 부모 내 형제를 보고파 가고픈데
고향길 가로막으면 어찌하란 말인가?

대대로 이은 양속 몸에 밴 관습인데
인륜에 천륜마저 헌신짝이 되었구려
전화 속 엄니 목소리 "위험해, 오지 마!"

손바닥이 닳도록 씻고 또 씻었건만
날마다 확진자는 풍선처럼 부풀더니
저 달도 코로나 걸렸나 구름 쓰고 누웠네

황혼

마음이 허전하면 왜 그리 불안한지
바쁘면 초조하고 한가하면 두려워라
다람쥐 쳇바퀴 돌린 세월의 타성인가

바람도 울다 버린 나목의 시린 가지
여린 몸 그 자리에 꿈 하나 돋아나면
세상사 지워버리리 잠자는 듯 떠나리

저 태양, 오늘처럼 내일도 보여 줄까
조여든 실핏줄로 생존을 이어 놓고
초침은 종명을 향해 가쁜 숨을 쉬는데

나랏 말쓰미

현군의 창의력에
백성 사랑 새긴 문자

天·地·人 우주 원리
꿰뚫어 본 지혜니라

아끼고
갈고 닦아라
빛을 내라 하신다

4부 세한도歲寒圖 풍경

첫눈 1

첫눈은
은유로
찾아오는 느낌표다

선녀처럼 내려와
천사 같은 마음으로

단 한 번
순결을 주고
사라지는 마침표다

첫눈 2

열일곱
가시내가
볼우물 짓던 날

내 입술
가장자리
첫눈이 내렸다

지금도
그 하얀 눈을
나 혼자 맞고 있다

첫눈 3

달빛을 촛불 삼아
별마다 꿈을 빌어

너와 나 속삭였던
첫사랑의 그 밀어

아무도
알 수 없어라
가슴 설렌 그 시절

눈길

먹물 같은 어둠이
눈으로 환생했나

산하는 신비스런
태곳적 정적이다

나 혼자
그 길을 간다
발자국이 외롭다

12월

오는 듯 가는 게
세월이라 하던가

미련도 후회도
앙금으로 남긴 채

또 한해
설원雪原에 묻고
스러지는 낙조落照여

나목裸木의 변辯

나목은 추워야
옷을 벗는 별종이다

겨우내 단련하여
몸맵시 날씬해야

꽃무늬
웨딩드레스
입어 볼 수 있단다

겨울밤

신혼을 불사르듯
긴긴밤 태운 사랑

베갯잇 적신다고
그 밤 또 다시 오랴

동짓달
빈 하늘에는
조각달이 애처롭다

새해

지난해 끝자락에
여명이 걷히더니

세월이 흐른 자리
더해 가는 주름살

뜨는 해
해맑은 얼굴
마주 보기 민망해

설

색동옷 입던 추억
나이테에 구겨 박고

무지개 부푼 꿈을
허랑하게 날렸어도

산하는
말이 없어라
황혼빛이 서럽다

눈 오는 날

너와 나
네 것 내 것
선을 긋지 말란다

제각각
색깔마저
모두 다 지우란다

눈 내린
하늘도 하나
땅덩이도 하나니까

백동백

창백한 지성이
얼음보다 차갑다

오는 봄 외면하고
백설로 피어나니

천명을
거역했노라
칼 맞을까 두렵다

약도라지

기침에 좋다면서
감기에 좋다면서

손녀 머리 빗어내듯
잔뿌리를 다듬는다

내 마음
복대腹帶를 감은
아내보다 아프다

매화를 보며

동토에 뿌리박은
불사의 화신이냐

봄소식 전하려다
삼동에 입은 상처

오는 봄
새살 돋거든.
함박웃음 보낸다오

얼굴 없는 천사

나눔이 천성인 양 적선으로 사는 이여
남몰래 주는 손 착한 마음 숨은 얼굴
그 얼굴 보고 싶어라
그 마음 갖고 싶어라

단 한 번 사는 인생 사람답게 사는 이여
가는 해 끝자락에 무거운 돈 놓고 가면
그 얼굴 어떻게 보나?
쥐구멍을 찾는 나

일용직

눈보라 송곳 바람 살 속에 박히는데
허기진 꼭두새벽 삶을 찾는 품팔이
일자리 얻어 내기란 하늘의 별 따기다

전 재산 가진 것은 몸뚱어리 하나뿐
등에 멘 식솔이 풀칠 못 할 두려움에
십장의 쌍소리라도 배불리 먹고 싶다

흙수저로 태어난 게 그리도 죄가 되나
"有錢無罪 無錢有罪" 누구의 명언인가
막걸리 한 모금으로 지는 해를 넘긴다

겨울 강

애증도 세월 가면 그리움이 되나 보다
여윈 나날 울다 지친 갈대숲도 시린데
강물은 소리도 없이 속으로만 울고 있다

내 가슴 빈자리 허전했던 구석마다
눈물 없이 흐느끼던 네 모습 잊지 못해
나 홀로 강나루에서 가뭇없는 너를 본다

상처 난 메아리가 부메랑이 되었는지
내 영혼 잿더미에 살아나는 불씨처럼
오늘도 텅 빈 가슴에 여울지는 강이여!

자작나무

백설로 가린 몸은 하이얀 나신이다
볕 들면 어이 하리 민망할까 두려워
고와서 아름다워라 눈 시려 황홀해라

순결로 빚은 몸매 어느 왕조 후예냐
흰 살결 검은 상처 비운의 탄흔인가
공주여 아나스타샤여, 비명이 아프다

그 누가 미인을 박명이라 했던가
어느 누가 부귀영화 꿈이라 했던가
왕조의 막다른 길에 선혈이 낭자하다

*아나스타샤: 러시아 로마노프 왕조의 마지막 황제 니콜라이 2세와 황후 알렉산드라 사이의 1남 4녀 중 막내딸로 왕조의 몰락과 함께 레닌을 추종하는 볼셰비키의 총탄에 의해 사살되었다.

세한도歲寒圖 풍경

세파에 시달리다 지천명 고개 넘다
파도로 부대끼는 고도에 몸이 묶여
눈물로 먹을 가느냐 기약 없는 운명아

은갈치 비린내도 얼어붙는 날마다
골절을 파고드는 탐라 바람 시린 밤
문풍지 유령울음에 밤을 접는 나그네

분노는 오장육부 삭여낸 박제되고
심장은 핏기 가신 기백만 하늘 찔러
뒤틀려 몸부림치는 노송의 신음 소리

풍파에 찢긴 세월 애달던 노여움이
심장 속 활화산에 부글부글 끓다가
오롯이 열반에 내린 말간 영혼 세한도

첫눈 내리는 날

헝클어진 흰머리 찬바람이 시린 밤
가로등 불빛 새로 첫눈이 내리면
맨 구석 사랑니처럼 돋아나는 아픔 하나

아득히 먼 길이라 돌아올 수 없는 너
번지 없는 하늘 향해 이름을 불러 봐야
허공에 맴도는 것은 대답 없는 메아리

너와 나 가슴속에 문신으로 새겼건만
면사포 맺은 언약 물거품이 되었구나
얄궂은 운명이어라 속절없이 떠난 이여

가버린 사랑 뒤에 세월은 다시 와도
에일 듯 시린 가슴 허무한 빈자리에
첫눈이 내리는 날은 왜 이다지 아픈가

겨우살이

폭설은 쌓이는데 칼바람도 매서운데
나목의 끝자락에 둥지 겨우 틀었구나
간신히 겨울을 사니 '겨우살이' 아닌가

숙주에 빌붙었다 파렴치라 비웃으랴
풍설을 이겨 낸다 장하다고 박수 치랴
더불어 산다는 것이 어찌 그리 쉬운가

땅 한 뼘 없이도 산다는 건 설움이지
집 한 칸 없이도 산다는 건 아픔이지
민초들 산다는 것은 상처보다 아린 것

남에게 빌붙는 건 염치없는 일이지만
가난은 눈물방울 하루하루 보태는 것
여보게, 왜 사느냐고 묻지는 말아주게

영부인 삼계三戒

사치란 심지 없는
촛불의 자기 과시

법인카드 긁는 건
국민 혈세 도둑질

황금에
눈을 판 것은
망신살을 사는 것

5부 천년의 메아리

손녀의 투표

세 살 난 손녀가
대통령을 뽑았다

벽보에 붙어 있는
열다섯 명 후보 중

가슴에
태극기를 단
곰 한 마리 찍었다

폼페이의 연인

화산이 폭발해도
껴안은 채 있더라

땅바닥이 빠개져도
떨어지지 않더라

이제 막
구름을 타고
솟구치고 있으니까

원초적 본능

지성이냐
야성이냐
판단할 길이 없네

양다리
꼬고 앉아
담배 한 대 꼬나물면

그 여인
샤론스톤은
소름 끼친 전율이다

요양원 일기

가쁜 숨
몰아쉬며
초침은 달리는데

추사秋史의
서체書體 같은
아버님의 저 육신

진혼곡
자장가 삼아
이승을 살고 있다

인공눈물

각박한 세상이라
인정조차 메말라

눈물을 아꼈더니
안구 건조 웬 말인가

심안心眼을
뜨고 나서야
업보業報란 걸 알았다

어떤 손

붇다가 헐다가
벗겨지다 찢어지다

얼마나 쓰릴 거냐
얼마나 아릴 거냐

그 손을
꼭 품고 싶다
코로나와 사투 벌인

아들에게

사람은 겉보다도
속내가 중요한 겨

속이 꽉 찬 배추마냥
실實해야 쓰는디

껍데기
번지르르한 거
아무짝에 소용 읎서!

미세 먼지

하늘을 솟구치던
비상은 꿈이었나

중금속 미세 먼지
잿빛으로 찌든 날

솟대 끝
새 한 마리가
눈 못 뜨고 서 있다

꽃제비 국회의원

구걸로
허덕이던
시장바닥 꽃제비

목숨 걸고
탈북하여
금배지를 달았다

서울 와
평양냉면을
처음 맛본 장애인

*1996년 북한 고난의 행군 때 생활고로 석탄을 훔치려다 레일에 왼손과 왼쪽 다리를 잃은 중증 장애인 지성호(1982년 4월 3일생)가 2006년 목발을 짚고 국경을 거쳐 9,600Km를 걸어 대한민국에 입국한 탈북인으로 제21대 국회의원이 되었다.(2021.2.2.)

달항아리

오백 년 사직의 꿈
풍운만 오락가락

외압에 찌든 하늘
신음으로 잠들더니

덩그런
달덩이 하나
태몽으로 떠 있다

메아리

에움길
굽이굽이
바람처럼 떠돌다가

황혼 녘
길손처럼
골목길 맴돌다가

세월이
눈을 감으면
돌아오는 업보다

내로남불(naeronambul)

나에게는 봄바람
남에게는 칼바람

눈동자가 기울어
사시가 되고 보니

이성은
허상이 되고
독선은 실상이다

시조란

마지막
손가락을
건반에서 떼어내도

잔물결
여울지는
노을빛 여운이다

내 안에
여백의 미학을
확인하는 미소다

호스피스 일기

한 이불 덮었다고 아내에게 맡기랴
낳아서 길렀다고 자식에게 맡기랴

호흡기
떼랴 붙이랴
가족끼리 옥신각신

누구를 탓하고 누구를 원망하나
아내도 자식도 차마 결정 못 할 일

당신이
제정신일 때
스스로가 결정할 일

천년의 메아리

하늘 위 높은 자리 별들이 잠든 밤
마음을 비워야만 들려오는 그 소리는
천고의 핏줄을 타고 내려온 유산이다

천년이 서린 얼 흰 옷자락 깊은 정
아리랑 스민 가락 정겨운 그 소리는
생명도 무궁하여라 장강이 된 노래다

핏줄로 이은 노래 천년이 서린 얼은
인류의 정신병을 치유하는 시조란다
온 세상 울려 퍼져라 천년의 메아리여

농부의 어록語錄

농사는 아무나 허능 게 아니랑께
헛바람 들어설랑 대처에서 빈둥대다
밑천을 털어먹구서 염치읎서 허능 겨?

흙부터 애껴야 혀, 내 새끼 애끼듯이
승질두 알어야지, 농작물 승깔 말여
승깔이 제각각 달러 머리깨나 써야 혀

농사는 사시사철 통박을 알어야 혀
조물주의 속내를 눈치채야 헌단 말여
진짜로 인생 공부지, 저 흙헌티 배우는

아버지의 구두

뜨는 해 지는 해를 보는 것도 사치다
새벽별 보고 나가 늦은 밤 돌아오면
자식들 잠든 얼굴을 쓰다듬던 아버지

생존을 목에 걸고 식솔을 등에 메고
인생길 굽이굽이 뒤꿈치 해진 나날
굳은살 옹이로 박힌 가슴도 아렸으리

가쁜 숨 몰아쉬며 풍상을 겪어내다
당신의 연골만큼 굽이 닳은 구두가
오늘도 절룩거리며 하늘길을 걷고 있다

아버지의 초상肖像

나목의 머리끝에 별빛 총총 시린 밤
갈 곳 잃은 이정표 방황하는 순간마다
아버님 헛기침 소리 가슴속을 울립니다

사농공상 첫머리는 당신의 은신처라
공맹을 신주처럼 청빈으로 받든 세월
주린 배 허기진 나날 체면으로 때웠소

먼 여로 인생길에 깃 빠진 철새 되어
시든 머리 정수리에 흰서리 내리더니
저 또한 아버님 모습 판박이가 되었소

불면증不眠症

그리다 맺힌 시름 천 갈래 만 갈래
끝 모를 심연을 파고드는 고통인데
사념은 끝이 없어라 천형 같은 밤이여

앉아도 시린 마음 누워도 쓰린 가슴
인생길 굽이굽이 뼛속에 새긴 사연
등골에 협착증마냥 조여드는 아픔아

그믐달 뜬눈으로 하얗게 시든 새벽
내 심장 고동 소리 이명耳鳴으로 우는데
여명 끝 실바람 소리 신음으로 들려라

운명의 직녀여 클로토의 여신이여
기꺼이 이 한 몸을 제물로 바치오니
암흑 속 지옥의 덫을 벗어나게 하소서!

주름살

욱일기 야욕으로 빼앗아 간 내 조국
치욕이 솟구쳐서 구역질로 토해내던
내 누이 고운 순결을 짓밟았던 그 자리

골육의 상잔으로 초토가 된 황야에서
허기진 배 달래며 보릿고개 넘으면서
가난이 얼룩진 자리 한숨짓던 그 자리

혈육이 조각나서 땅을 치며 통곡하다
피눈물 얼룩진 곳 가로막힌 철책선에
갈라져 찢어진 허리 피 흘리던 그 자리

젖었다 말랐다가 얼었다 녹았다가
역사의 고비마다 비구름만 오락가락
지워도 지울 수 없는 한이 맺힌 자리다

선죽교 비가悲歌

하여가何如歌 구구절절 술잔으로 달래더니
단심가丹心歌 끝자락에 칼바람이 몰아치네
인명이 하늘에 있으니 국운인들 다르랴

왕조를 바꾸라니 신하의 도리더냐
피바람 광란으로 갈기갈기 찢긴 영혼
산하여, 순절의 비명 그 소리를 들었는가

백골 된 돌다리는 달빛이 낭자한데
포은 공 일편단심 피 토한 곳 어디냐
청사에 두 무릎 꿇고 이실직고 하렷다

살아서 역적이여 죽어서 충신이여
뻐꾸기 둥지 트는 윤사월 낙화더냐
단심은 핏물이었네 장강 되어 흘러라

시인아!

시인은 예언자적 지성인이 아니냐
민족혼을 일깨우는 선구자가 아니냐
시국이 위태로울 때 무엇을 해야 하나

나라를 빼앗긴 오명과 수모 속에
모국어를 박탈당한 치욕을 잊었는가
일제가 빚은 만행을 꿈에라도 잊으랴

시인은 모국어를 지키는 수호자다
자기애에 도취된 나르시스를 벗어나
준열한 자기반성으로 언어를 창조하자

시인아, 너 민족의 순결한 양심아
너만이 민족혼을 일으킬 수 있단다
내 나라 민족자존의 경종을 울려보자

시조독립 선포문
- 2021년 4월 29일 시조가 독립 장르로 우뚝 선 날

시조가 문학의 한 장르로 우뚝 섰다
진리의 메시지다 환희의 팡파르다
지구촌 방방곡곡에 이를 선포하노라

핏줄로 타고나서 탯줄로 이은 노래
부침의 천년 세월 애환 녹인 영혼이라
숙원을 헹가래 치는 경사 중 경사로다

세차게 뻗어 나갈 장구한 역사 속에
전통의 씨를 심고 다독이는 정성으로
시조를 가슴에 품자 사랑으로 가꾸자

열망의 도가니에 타오르는 불길처럼
뛰는 가슴 푸른 심장 솟구치는 정열로
홀대에 주름진 노래 보란 듯이 부르자

너 민족의 양심아, 민족혼의 불꽃이여
자주독립 목에 걸고 피를 토한 절규로
부르자 우리 시조를 외치자 시조 만세!

6부 백세시대

광화문

오백 년 사직의 터
왕궁이 코앞인데

핏발 선 언어들이
비수로 꽂힐 때면

세종이
가슴을 치네
충무공이 탄식하네

어른이 되면

엄마!
하고 부르면
"오냐!" 라고 했다

어머니!
하고 부르니
메아리가 대답했다

아범아!
하늘에 계신
어머니가 부르신다

백세시대

연세가 얼마신데 운전하고 다니세요?
"한 살인디, 그걸 알아 워디다 쓸라구"
어떻게 한 살이 돼요? "앞자리는 버렸어"

몇 살 때 면허증 따셨어요? "아흔아홉"
어떻게 따셨어요? "똥 빠져라 연습했지"
"아 글쎄, 필기시험에 컴퓨터 뭇헤 혼났어"

건강에 특별한 비법이라도 있으세요?
"잘 먹구 잘 싸구 잘 자면 되능 겨"
"나 말여, 쉬운다섯에 막둥이 아들 봤어!"

*2012년 10월 9일 공주의 박기준(1914년생) 할아버지가 99세
 의 나이로 국내 최장수 운전면허를 취득했다.

어느 날

먼 여로 가는 길
얼마쯤 남았을까

행여 막다른 길
아니면 좋으련만

서산에
노을이 곱다
또 하루가 저문다

손자가 무서워

코로나 핑계 대고
수염을 길렀더니

에스키모 같아서
할배가 무섭단다

당장에
이발소로 가
수염부터 깎았다

늙음에 대하여

울면서 세상 만나
웃음 찾아 헤매다가

주름진 골짜기에
씨앗 몇 개 뿌리고

해 질 녘
시든 하늘에
잠자리를 찾는 거다

아내의 숨소리

들릴락 말락 하는
피안의 이명 소리

끊일 듯 이어지는
탈진한 메아리다

아침 해
솟아오르면
잔소리를 듣고 싶다

어떤 하루

코 풀 듯 버린 하루
부메랑이 되었는지

회한이 쌓인 가슴
옹이만 박아 놓고

노을로
스러진 해가
가쁜 숨을 몰아쉰다

이명耳鳴

언덕길
가파른 길
기는 듯 오르는 듯

제 몸도
못 가누는
폐차의 엔진 소리

피안의
강기슭에서
하직하는 이별가다

장독대

식솔들 옹기종기
둘러앉은 그 자리

정화수 앞에 놓고
두 손 빌던 울 엄니

가슴속
뿌리로 박힌
내 엄니의 초상화

손자에게

본수야, 본재야
너희들은 무궁화다

미국에서 낳았다고
미국인의 핏줄이냐

조국은
대한민국이야
미국은 친구 나라고

임종臨終

목덜미 고운 살결
세월로 구기다가

상처로 패인 자리
숨결로 메꾼 이여

그대여,
달이 뜨거든
하늘길로 가시게

문상問喪

단시조 마지막 장
한 소절을 못 채우고

번지수 없는 하늘
어느 곳에 머물 거냐

여보게,
자네 얼굴을
어느 날에 다시 보나

만학晩學

쇠털같이 많은 날
바람으로 날리고

안개 낀 돋보기로
모국어를 새겨본다

요단강
여울목 밑에
각주를 달아가며

너 때문에

내 마음
싱숭생숭
이도 저도 못하고

네 모습
아른아른
미치게 보고픈 건

이게 다
너 때문이야
너 때문에 그런 거야

청개구리

이장 집
막내 놈은 청개구리 닮았는지

싹수가
노랗다고 온 동네 소문났다

그놈이
선생이 될 줄 꿈에도 몰랐단다

타이스의 명상곡

불면이 유령처럼 다가오는 밤마다
하현달 깊은 시름 심연 속에 잠기면
애수에 젖은 선율이 실핏줄로 스민다

구원도 사랑도 인생사가 아니더냐
주님의 곁에 가랴 그대 품에 안기랴
운명의 벼랑 끝에서 신음하는 여인아

별빛도 시나브로 창백하게 시드는 밤
호반의 물속 깊이 잦아드는 그 노래는
내 영혼 밑바닥에서 흐느끼는 자장가

섭리攝理

사는 게 무어냐고 묻지를 말게나
골백번 살아봐야 흙 한 줌 보태는 거
낙엽이 지는 사연을 몰라도 좋으리라

멀건 눈동자가 허공 한번 돌리다
숨 박동 그래프가 꼬리치다 내리면
해 질 녘 서산마루에 노을로 얹히는 거

누군들 몰랐으랴 풀잎 끝 이슬인 걸
아침 해 실눈 뜨면 순식간 찰나인 걸
섭리는 그런 거란다 인생도 그런 거지

아, 안중근安重根
― 안중근 의사 순국 111주년(2021.3.26.)에 ―

살아서 죽었으니 하늘에 계십니까
죽어서 살았으니 땅 위에 계십니까
당신을 찾지 못하니 민망하기 그지없소

왼손 약지 자른 뜻은 구국의 결단이요
피로 쓴 '大·韓·獨·立'은 획마다 의혈이니
당신의 하얼빈 의거는 정의의 횃불이요

태극기 치켜 올린 "대한민국 만세!"는
구국의 끓는 피가 하늘 덮은 사자후니
당신의 위국헌신은 해와 달이 밝혀주리

광야 曠野

조국이 뭐기에 독립이 뭐길래
수인번호 264, 감옥살이 열일곱 번
참으로 기구한 운명 모질게도 사셨소

구겨진 태극기는 제 얼굴을 못 들고
거꾸러진 태극기는 제정신을 잃었는데
산하여, 왜 말 못 하고 입 다물고 있느냐

코앞이 해방인데 불혹不惑에 옥사라니
빛 찾은 광야에 매화 향기 가득 차면
백두산 절정에 올라 부르리라, 그 노래

*고 노무현 전 대통령이 대국민 메시지 영상에 몇 달간 사용한 뒤집힌 태극기, 이명박 대통령이 북경올림픽에서 응원할 때 사용한 거꾸로 된 태극기, 문재인 대통령이 중앙아시아 3개국 순방에 나설 때 전용기인 공군 1호기에 거꾸로 걸린 태극기, 정동영 전 통일부장관이 북한을 방문할 때 가슴에 단 뒤집힌 태극기, 탁구대표팀이 가슴에 달고 출전한 뒤집힌 태극기, 고 노무현 전 대통령 2주기 추모행사에서 태극기를 밟은 한명숙 전 총리, 교실에 걸린 태극기마저도 "일제에 충성심을 강요했던 것에서 유래했다"라며 철거 대상으로 지목한 이재정 경기도 교육감 등 우리 사회의 지도급 인사들 모두가 기본에 충실하지 못한 행위일 뿐 아니라, 국가와 민족에 대한 정체성의 일면을 보는 듯하여 씁쓸하다.

감사

햇볕 한 올 물 한 방울 바람 한 점
어느 것 하나라도 내 것이 아니란 걸
노을이 서산마루에 기울 무렵 알았다

내 것이 아닌 것을 내 것처럼 쓰고도
갚아야 할 빚이고 은혜란 걸 몰랐으니
세월이 가시기 전에 두 손을 모아야지

평생을 은혜 입고 살아남은 목숨이라
염치없이 흘려버린 숱한 세월 돌아보니
두 줄기 흐르는 눈물 용암보다 뜨겁다

동호東湖 비망록備忘錄

심장의 고동 소리 풋 가슴에 요동치다
뻐꾸기 목 터져라 진달래꽃 토해내면
청잣빛 고운 하늘을 잿빛으로 태웠다

설익은 청춘이 짙푸르게 물들 무렵
우골탑 사각모 쓴 이장 댁 막내 놈은
오색등 유혹 속으로 빨려들고 말았지

단풍잎 붉은 자리 회한 쌓인 밤마다
잠 못 든 여울 소리 하얗게 지새우면
지난날 아픈 사연을 가슴으로 새겼어

쫓기듯 달아나는 세월처럼 야속하랴
폐선의 야윈 가슴 옹이 박힌 한을 안고
숨 가쁜 칠 부 능선을 나 홀로 넘고 있다

*동호東湖는 필자의 호號임

헐성루歇惺樓에 올라

비로봉 정맥이 서기 서린 양지 녘
내금강 정양사正陽寺 헐성루에 오르면
보고픈 만이천봉이 기다린 듯 다가온다

구름 위 올라서니 천상인이 되었구나
발아래 만학천봉 무릎 꿇고 조아리니
나는 야, 천군만마에 개선장군 아니냐

금강산 진면목을 예서 보라 주신 자리
운해를 벗는 모습 천태만상 어찌 보랴
조화옹 빚은 솜씨가 무궁무진 그지없다

구름은 멧부리를 잡으려다 스러지고
노을도 산마루를 물들이다 물러선다
인생사 덧없음이라 잠시 쉬다 가라 하네

박사가 뭐길래

반세기 연하의 동기생 질문이다
"할아버지, 학위 받은 기분이 어떠세요?"
말문이 막혀보기는 이번이 처음이다

이제 와 학위 받아 어디에다 쓰겠나
넋 놓고 멍 때리다 막다른 골목에서
절박한 궁여지책이 탈출구를 찾은 거야

칠 포인트 활자를 돋보기로 키운 세월
동공에 낀 안개는 반소경을 만들었고
독수리 쪼는 타법이 키보드를 웃겼다네

배수의 진을 친 내 인생 끝자락에
인고의 아픈 날을 한숨으로 달래 왔어
까짓것, 박사가 뭐길래 그토록 앓았는지

*2020년 8월 27일 78세에 학위를 받던 날

7부 내 조국 코리아

고향

친구야,
이제 그만
고향으로 오게나

도시의
배설물이
무에 그리 좋은가

고향은
하늘도 고운데
사람도 참 좋은데

광교산光教山

태곳적 유훈처럼
흘러내린 굽이마다

철 따라 병풍 치듯
수채화를 그리건만

때 없는
경적 소리에
멍드는 산새 가슴

너와 나

한 발짝 다가가면
싫어질라 두려워

한 발짝 물러나면
멀어질라 무서워

얼마나
아파야 하나
하나 되는 그날까지

세월

세월이 빠르단다
화살처럼 간단다

나이를 먹을수록
더욱 빨리 간단다

세월은
그냥 그대로
나만 홀로 가는 것을

명품가방 식별법

비가 오는 날에도
눈이 오는 날에도

가방을 쓰고 가면
보나 마나 짝퉁이고

가슴에
꼭 품고 뛰면
틀림없는 명품이다

손자

못 보면 보고 싶고
찾아오면 참 기쁘다

가고 나면 서운해도
기쁜 만큼 시원하다

하루만
지나고 나면
보고 싶은 내 새끼!

심술

한여름 더운 날만
한나절씩 잘라내어

동짓달 반나절과
바꿔치면 좋으련만

황진이
원망의 눈초리
마주칠까 두려워

왕궁의 깃발

버킹엄 궁전 위에
깃발이 춤을 춘다

최첨단 과학시대
전설이면 어떠랴

여왕이
가는 곳마다
태평가를 부르니

점멸등

황혼 녘 낙엽 지는
심곡로 16번 길

노을빛 점멸등이
지친 듯 껌벅껌벅

건널목
건널까 말까
내 정신도 깜박깜박

추모공원에서

친구여,
갈 길이
어찌 그리 급한가

반세기
찌든 정이
그리도 지겹던가

모든 짐
벗어 버리게
편안히 잠드시게

흙수저에게

금·은·동 그 수저는
부모찬스 그늘이다

햇볕 받는 흙이라야
싹이 트고 꽃이 핀다

봄 이길
겨울 없더라
참아내야 열매 맺지

교학상장 教學相長

天地玄黃, 하늘은 검구 땅은 누르니라
"하늘은 푸른데 왜 검다고 하나요?"
그것두 생각 뭇 허냐 밤이닝께 검은 거지

이상한 게 또 있어 스승님께 물었다
"밤인데 땅은 왜 누렇다고 하나요?"
이늠아, 쓸데 읎는 소리 작작 허구 책이나 읽어!

스마트폰

앞사람 뒷사람 오든 말든 가든 말든
귀 막고 입 다물고 저만 보고 가란다
손바닥 요물단지가 사람 눈을 홀리네

고개를 숙인 채로 돌진하는 스몸비야
여기저기 사방에서 무턱대고 들이대니
약한 몸 어쩌면 좋아 부딪칠까 두려워

왼손은 핸들 잡고 오른손은 문자라니
생사가 눈앞인데 왜 저리도 태평할까
여보게, 정신 좀 차려 이기가 흉기 될라

*스몸비: 스마트폰(smart phone)과 좀비(zombie)의 합성어. 스마트폰에 시선을 고정한 채 주변을 의식하지 않고 좀비처럼 걸어 다니는 사람을 뜻함.

대한민국의 왕

너무나 잘생긴 미남이라 얄밉다
등 번호 7번에 'SON'이란 총각을
감독은 대한민국의 왕이라 부른다

초음속 미사일을 몸속에 장착했나
폭풍 같은 질주로 골문을 명중한다
머리와 양다리 모두 정밀한 발사체다

골 사냥 마법사의 '찰칵 세리머니'는
코로나를 극복하는 최고의 백신이니
그대는 유일무이한 왕 중의 왕입니다

*첼시와 맨체스터유나이티드의 감독을 지낸 전 토트넘 감독 무리뉴(Mourinho)는 "대한민국의 왕, 무슨 일이시오, 질문이 있으시다고? 대답해 드려야지"라며, 손흥민을 '대한민국의 왕'이라 불렀다.

CCTV 작동 중

민초여, 텔레비전 못 나와서 서운한가
집 밖으로 나와서 팔자걸음 걸어보게
귀한 분 경호하듯이 카메라가 따라붙지

너와 나 불신으로 파놓은 함정이니
유쾌하진 않아도 반기는 듯 맞이하게
인권은 힘 있는 자의 전유물이 아닌가

오늘은 몇 번이나 또 찍혀야 하는지
유명인이 아니라도 스타가 되는 거야
과분한 카메라 세례 몸 둘 바를 모르네

기생충

얘들아, 아직두 피자박스 접구 있냐
천지가 유별헌디 높낮이가 왜 읍겄어
자고로 빈부격차는 타고 난 팔자려니

아무리 배고퍼두 예의염치 잊지 말어
누구처럼 위조허면 개망신 당헌 당께
반지하 곰팽이 냄새 역겨워두 참어야 혀

그 방을 드나들던 따봉이가 사고 쳤어
아 글쎄, 오스카상 네 개를 따 먹었댜
나 지금 환장허것다 쇠주 한 잔 허야지

*봉준호 감독의 영화 '기생충'이 우리나라 최초 그리고 오스카 역사를 새로 썼다. '기생충'은 92년 아카데미 역사에서 영어가 아닌 언어로 만들어진 영화가 작품상을 받은 것은 처음이다. 2020년 2월 9일 오후 5시(현지 시각) 미국 로스앤젤레스 '돌비극장'에서 열린 올해 제92회 아카데미시상식에서 최고상인 작품상을 필두로 감독상과 각본상 그리고 국제영화상까지 4관왕을 차지하는 기념비적인 기록을 세웠다.

미네르바의 올빼미

황혼 끝 땅거미를 하얀 눈이 덮어도
지혜의 여신인 미네르바의 올빼미는
만물을 있는 그대로 보는 눈을 가졌다

수묵화 먹물처럼 깊은 밤이 번지면
육안은 침침해도 심안이 눈을 뜨니
내 눈은 있으나 마나 마음으로 글을 본다

눈발에 시린 머리 올마다 풀어쓰고
가버린 청춘을 먼발치로 바라보면
황혼 녘 미네르바의 올빼미가 되고 싶다

하피첩霞帔帖 연가

노을이 붉게 타면 다홍치마 수줍다
열여섯 앳된 신부 몸 사르는 그리움
치마폭 접은 자락에 숨겨 보낸 그 사랑

다섯 폭 자락마다 영혼으로 새긴 정성
자식들 염려에다 아내 사랑 화답이라
지아비 지극한 정성 이 세상에 있으랴

자투리 치마폭도 버리기가 아까워라
제짝 찾은 딸에게 그려 보낸 매조도
매화꽃 활짝 핀 가지 참새 한 쌍 정답다

애틋한 부부 사랑 애면글면 쏟은 정성
치마폭 숨긴 사랑 이백 년 묻힌 사연
하피첩 갈피갈피에 복사꽃이 피었네

*조선 후기 실학자인 다산 정약용茶山 丁若鏞(1762~1836)이 귀양지인 전남 강진에서 쓴 서첩. 부인이 보낸 다섯 폭 치마에 종이를 붙여 만든 것으로, 아들인 정학연과 정학유에게 보내는 편지글과 시집갈 딸에게 보내는 매조도梅鳥圖 등이 담겨 있음. 제작 연대는 1810년(순조 10년) 음력 7월과 9월 무렵이다. 하피霞帔란 중국 당나라 시대부터 신부가 입던 예복이다. 조선 시대에는 비妃·빈嬪이 입는 법복法服이기도 했다. '하피첩'이란 부인 홍씨가 다산과 화촉을 밝힐 때 입었던 다홍치마를 사용하여 서첩帖을 만들었기 때문에 지어진 이름으로 직역하면 '노을빛 치마로 만든 첩帖'이란 뜻이다.

6·25 동란 당시 다산의 증손이 수원역에서 잃어버린 하피첩을 2004년 수원의 한 모텔 리모델링 공사장에서 파지를 수집하던 할머니의 수레에서 집주인이 발견, 2006년 4월 2일 KBS-1TV 프로에 처음 소개되어 1억 원의 평가를 받았다. 2010년 10월 25일 보물 1683-2호로 지정된 하피첩은 2015년 9월 서울옥션 경매에서 국립민속박물관이 7억 5천만 원에 낙찰받았다.

베이비 박스

아가야, 미안해 사랑하는 내 아가야
숲속에 너를 두고 돌아서려 했지만
내 가슴 저미는 소리 그냥 가지 말랬어

맹세코 엄마는 널 버리는 건 아니야
그대로 엄마 진심 믿어주면 좋겠어
내 뱃속 꼬물거리던 널 버릴 수 있겠니

엄마도 울었단다, 밤을 찢는 너처럼
좋은 곳 찾아가서 행복하면 좋겠어
아가야, 아프지 말고 건강하게 자라 줘

달빛도 차가운 밤 너만 홀로 두고 가
엄마는 오래오래 아파하며 살 거야
아가야, 미움받지 말고 착하게 살아다오

참회록懺悔錄

긴 세월 분별없이 갉아먹은 인간아
한목숨 지탱하려 허구한 날 살아가며
하늘에 감사한 마음 가져본 적 있느냐

꽃 지자 아픈 자리 인고의 열매 맺어
허기져 방황하던 네 목숨을 지켰는데
은덕을 베푼 땅에게 고마운 적 있느냐

먼 여로 인생길을 숙명처럼 오다가다
무심코 지나면서 옷깃 스친 인연에게
너 한번 눈길이라도 보낸 적이 있느냐

마음도 육신도 내 것 아닌 은혜인데
만상이 억겁 쌓인 너와 나의 인연인데
황혼이 스러지기 전에 눈물로 먹을 갈자

느티나무 분재

성장을 억제한다 비난을 해야 하나
취미를 명분 삼아 칭찬을 해야 하나
골백번 헤아려 봐도 가여운 걸 어쩌랴

실뿌리 내린다고 원뿌리 절단 내고
목 졸라 주리 틀고 수족도 잘라내니
내 몸을 역지사지로 생각하면 어떠리

뙤약볕 여름 농사 들판의 오아시스
마을의 대소사에 희로애락 젖은 나무
잎마다 맺힌 추억은 고향마다 향수다

세월이 뿌리 박혀 가지마다 열린 전설
당산에 우뚝 서서 마을 지킨 수호신이
어쩌다 만신창이로 요 모양 요 꼴인가

왕조의 천년 사직 지켜온 불사조라
귀한 몸 보호수로 섬겨도 모자란데
한 뼘 반 울타리 속에 위리안치 웬 말인가

니트족

요즈음 세상 살기 어려운 걸 왜 몰라
그대들 아픈 사연 차마 듣기 미안해
우리네 기성세대의 마음인들 편하겠나

취업은 별 따기요 결혼은 사치라지
가정을 꾸미는 건 그 옛날의 전설이고
그래도 '헬조선'이란 그 말은 하지 말게

증오와 불신으로 나라 탓만 하다보면
그게 바로 지옥이 아니고 무엇인가
이 세상 어디를 가도 낙원이란 없다네

초근목피 연명하며 보릿고개 넘다가
등 굽은 부모님의 뒷모습을 보았는가
자기의 인생행로는 자신만이 갈 길이네

고동치는 맥박과 패기가 있지 않은가
무엇이 두려워서 헤어나지 못하는가

큰 바다 넓은 대륙이 그대들을 손짓하네

*니트족(NEET)족: Not in Education, Employment or Training 의 준말로 일하지 않고, 일할 의지도 없는 청년 무직자를 뜻하는 신조어.

*헬조선(Hell朝鮮)은 2010년대 들어 유명해진 대한민국의 인터넷 신조어이다. 헬(지옥)과 조선의 합성어로 '한국이 지옥에 가깝고 전혀 희망이 없는 사회'라는 의미다. 또한 '한국이 지옥과 비견될 정도로 살기 나쁜 나라'라는 의미도 있다.

양심선언

시조라 써 놓고서
한숨만 내리 쉰다

시커면 먹구름이
눈앞에 오락가락

나 지금
우수경칩에
살얼음판 걷고 있다

내 조국 코리아

1.
천명을 내려받은 홍익인간 이념이
태백산 정수리에 신시를 펼쳤나니
환웅의 핏줄을 이은 단군의 후예니라

2.
드넓은 만주벌판 한눈에 굽어보며
대륙을 치달리던 준마의 발굽 소리
호태왕 용천 설악에 서릿발이 서렸노라.

결전을 앞에 두고 피 묻힌 삼척검아,
처자식 귀한 목숨 구국 앞에 초개더냐
황산벌 오천 결사도 물거품이 되었구나

나라 잃은 치욕이 죽음보다 싫었더냐
낙화암 꽃잎처럼 몸을 던진 삼천궁녀
그대들 거룩한 의기 신앙보다 깊었노라

원광법사 세속오계 화랑의 얼이 되어
호국의 푸른 기개 하늘까지 치솟더니
파천의 대업을 이룬 신라통일 아니더냐

3.
인간의 수작이냐 부처의 영물이냐
팔만 사천 법문 실은 거룩한 위업이여
해인사 대장경판은 세계사의 불가사의다

오욕도 번뇌도 태워 버린 불심으로
영혼이 빚은 청자 천하제일 비색이라
눈이 먼 도공이시여, 학의 노래 들었는가

4.
백성 사랑 어진 마음 천년을 앞선 지혜
천·지·인 삼재에다 음양오행 이치 모아
정음을 창제하시니 세계 제일 문자로다

"必生卽死 必死卽生" 배수의 진을 치니
23전 23승은 세계전사 위업이라
충무공 우국충절은 해와 달이 밝히리라

치욕이 광분하는 역사의 소용돌이
오백 년 사직은 바람 앞의 등불인데
피맺힌 독립투사의 통곡 소리 들었는가

5.
임진강 푸른 물이 붉게 물든 6·25
푸르른 산하에 흘러내린 눈물이여
허리가 동강이 나고 핏줄마저 끊겼구나

멀건 보리죽에 피죽 맛이 서러워도
초근목피 짓씹으며 보릿고개 넘어가며
온 겨레 피땀을 모아 경제대국 이뤘노라

6.

역사의 굽이마다 산화한 넋들이여
혼돈이 난무하는 이 시대를 어찌하랴
분열은 망국의 길이다 화합으로 뭉쳐라

한류에 열광하는 세계인을 보아라
문화민족 유전자가 지구촌을 누비니
이것이 국운 상승이다 번영의 메시지다

너 민족의 양심아, 민족혼의 불꽃이여
외쳐라 나라 사랑 노래하라 문화 강국
동방의 밝은 빛이여, 내 조국 코리아여!

평설

절조絶調의 서정 시학과 심미적 윤리
- 구충회 시조 평설

김봉군
가톨릭대학교 명예교수·문학평론가

1. 여는 말

　우리 근·현대 자유시는 전통시, 순수시, 리얼리즘시, 모더니즘시의 흐름을 보여 왔다. 전통시는 일찍이 모더니즘시에 자리를 내어 주었고, 리얼리즘시는 1987년 민주화 이후에 자취가 사위었다. 전통시의 터전을 복원하며 새 길을 트게 된 것이 시조다. 시조는 유기체적 생성·성장·난숙·소멸의 명운에 순응치 않고 살아남은 희귀한 전통 문학 양식이다. 우리 고전 문학의 32개 장르 중에서 20세기 이후까지 7백 세를 헤아리며 존속하는 민족 고유의 정형시整形詩가 시조다.
　개인주의적 자유주의와 확산적 사고가 팽배한 현대 사회에서, 시조는 비상한 생존 방략 개발에 의지할 수밖에 없다. 시조는 자유 지향의 원심력과 절제 지향의 구심력이 긴장미를 조성하는 경계 지대에서 생성된다. 따라서 새로운 시조론의 정립은 용이치 않다. 심미주의자들은 말한다. 가락이 절묘해야지, 사상이 웅숭깊어야 명시가 되는 것이 아니라는 아포리즘이다. 장르론자도 말한다. 정서와 의미 쪽에 친근한 서정시가 윤리와 철학의 깊이를 가늠하는 것은 무모하다는 일반론이다.

그럼에도 시조가 언어 예술이고, 언어는 역사적·사회적 소산이므로, 가락만 빼어나다고 해서 명시조가 된다는 폐쇄적 관점에는 동의하기 어렵다. 좋은 시조시인은 가락과 서정, 사회·역사성 간의 길항拮抗 관계를 시조 미학의 질서 안에 용해시키는 탁월한 예술가여야 한다.

이 만만찮은 시조 창작의 과제를 동호東湖 구충회具忠會 시인은 어떻게 풀어내었는가? 제2 시조집 『천년의 메아리』를 통하여 이를 조명하기로 한다.

2. 동호 구충회의 시조 미학

저급한 시는 설명하고, 뛰어난 시는 침묵하며, 위대한 시는 영감을 준다는 시의 에피그램(epigram)이 있다. 시의 침묵은 미학적 텐션(tension)을 전제로 한다. 시의 창작이 행간에 침묵을 심는 행위라는 명언을 두고 시조시인은 침중沈重히 묵상해야 할 것이다.

동호 시인의 주요 제재 목록은 자연 서정, 자아상, 향토의식과 가족애, 사회·역사의식, 우리 전통미 등이다.

(1) 자연 서정

현대 시조는 동아시아적 자연 친화의 어조(tone)를 보인다. 서양의 자연 정복관과 대척점에 있는 비변증법적, 통합적 대자연관이다. 현대의 비극은 인간과 자연, 인간 상호간, 인간과 절대 진리와의 분리(detachment)로 인해 빚어진다.

> 화냥기 주체 못 해 살랑바람 살랑대면
> 발정 난 벌 나비도 꽃 멀미를 하는데
> 생과부 허리춤에는 찬바람이 시리다
> ―「3월의 노래」

절창이다. 발상이 과감하고, 가락도 절묘하다. 주체할 수 없는 춘정春情, 에로스적 욕망을 분출하여 엄숙주의적 금기 체계를 단박에 해체하면서도, '천박'과는 결을 달리하는 과감성이 돋보인다. 문명의 허울을 벗기고 본연의 생명력을 복원해 놓은 봄날의 숫된 욕망이 화냥기·살랑바람·벌나비·생과부로 이어지며 꽃 멀미를 불러오는 정황이다. '살랑바람'의 흐름소리[流音](liquid)와 콧소리[鼻音]가 이 사위스럽지 않은 에로티시즘에 좋이 녹아들었다. 3개 연 7행으로 형태 변이를 한 것은 자유 지향욕의 표출 현상이다.

> 청보리 목덜미를 간질이는 햇살인걸

>   찔레꽃 짙은 향에 취해버린 바람인걸
>   날더러 어쩌란 말야, 미치게 부신 날을
>
>   햇살이 애무해서 몸부림을 치는 거야
>   바람이 살랑대서 그 향내가 짙은 거야
>   날더러 어쩌란 말야, 환장하게 좋은 날을
>   -「5월의 노래」

 그야말로 '환장할' 자연 서정이다. 사뭇 정적靜的이기만 하였던 우리의 옛 서정이 동호 시인에 와서 역동적으로 변용되었다. 전통의 창조적 계승이다. 시행의 배열 기법도 완벽하다. 구체적 상관물 청보리, 찔레꽃, 햇살, 바람을 우선 전경화前景化한 다음, 서정적 화자인 '날더러'를 클로즈업 시켰다. '간질이는'과 '애무해서'의 피부 감각 이미지와 '짙은 향에 취해버린'의 후각 이미지, '살랑대서'의 시각 이미지를 보라. 화자를 환장하게 만드는 봄날을, 이보다 더 절절하게 표상화할 방도는 없다. 가락과 이미지가 해조諧調되며 절조絶調를 이룬다. 동호시인은 우리 전통 서정 미학을 역동적으로 변용시킨 선구자 반열에 든다.

>   선홍빛 영산홍은 울 엄니 혈흔이다
>   날 낳은 산통이 속살을 파고들면
>   뻐꾸기 우는 소리에 산허리도 저리다
>   -「5월이 오면」

 영산홍의 핏빛 은유가 애를 끊는다. 황진이의 정한情恨과

김소월의 불타는 금잔디의 전통 서정을 환기한다. 동호 시인의 서정은 치열하다. 우리 서정 시조사의 현저한 충격이다. 실로 충격적인 5월의 향연이다. 이 시조는 「5월의 노래」와 함께 가락·정서·이미지가 하나로 어우러진 완결편이다.

> 철없이 울다 지친 귀뚜리도 잠든 밤
> 억새풀 시든 머리 소슬바람 시린데
> 창가에 서성이는 달 날더러 어쩌라고
> - 「가을밤」

서술적 담론이다. 귀뚜라미, 억새풀, 소슬바람도 늦가을 서정을 환기하는 관습적인 상관물이다. 그런데 종장에 접어들어 독자들은 무릎을 '탁' 치게 된다. 앞에서 읽은 5월의 시편과 같은 기법인 까닭이다.

> 낙엽 지는 소리는 단조의 메아리다
> 작별을 잉태한 사랑이기 때문이다
> 노을이 시들 때마다 사랑이 지고 있다
>
> 귀뚜리 우는 소리 잠 못 드는 밤이면
> 피에타 마리아의 소리 없는 통곡처럼
> 가을은 눈물 없이도 우는 법을 가르친다
>
> 내뱉는 말보다는 생각이 깊은 계절
> 사색은 충만하고 지성은 깊어간다
> 가을은 심연 속으로 가라앉는 침묵이다
> - 「가을 소묘素描」

길지만 전편을 인용했다. 명편이기 때문이다. 가락과 이미지와 의미가 화학적으로 융화한 완결편이다. 낙엽 현상을 단조의 메아리로, 가을을 심연으로, 가라앉는 심연으로 본 은유는 심미적 사유思惟의 깊이를 가늠케 한다. 절명한 아들을 부여안은 절통할 어머니 마리아의 '소리 없는 통곡'은 치열하다. 눈물 없이도 우는 법을 가르친다는 시적인 각성이 놀랍다.

> 호숫가 둘레 길로 봄맞이 나온 꽃이
> 빌붙는 꽃바람에 시달리다 지치다
> 현기증 이기지 못해 호수 속에 누웠다
> 　　　　　　　　　　　　　　　-「꽃 멀미」

자연 표상에 대한 착상이 기발하다. 꽃의 심미적 기능을 이보다 더 절실하게 표현할 수 있겠는가.

> 책갈피 깊숙한 곳 숨겨 보낸 마음은
> 순결로 맺은 언약 가슴 설렌 첫사랑
> 지금도 네잎 클로버는 몸 사르는 그리움
> 　　　　　　　　　　　　　-「네 잎 클로버」

> 복사꽃 아롱지던 그 사람 보내놓고
> 초혼가 불러 봐야 대답 없는 메아리
> 먼 옛날 그리움마다 한 맺힌 엘레지다
> 　　　　　　　　　　　　　　　　-「노을」

그리움은 서정시의 광맥이다. 누군가의 말처럼 우리가 쫓겨나지 않아도 되는 유일한 낙원은 그리움의 세계다. 첫사랑을 향한 '몸 사르는 그리움'은 역시 치열하다. 하물며 유명을 달리하는 영원한 결별은 일러 무엇 하겠는가. 그럼에도 우리가 피 도는 인간으로서 삶을 영위할 수 있는 것은 그리움이란 역설적 '아픔의 미학'이 있기 때문이다.

> 노을로 타는 잎이 선혈보다 더 붉다
> 스스로 때를 알아 제 몸을 불사르니
> 이승 끝 소신공양이 꽃보다 아름답다
> ―「단풍 소묘素描」

동호 시인에게는 단풍 드는 자연 현상도 소신공양이다. 그의 시적 표상은 한결같이 치열하다. 그의 심미적 직관으로는 자연 만상이 피가 도는 활물活物이다.

가령, '운우가 요동치며 절정으로 질러대는 처절한 단말마의 외마디 소리'로 지각하는 「매미」도 그렇다. '봄소식 전하려다 삼동에 입은 상처'의 「매화를 보며」도 다르지 않다.

> 창백한 지성이 얼음보다 차갑다
> 오는 봄 외면하고 백설로 피어나니
> 천명을 거역했노라 칼 맞을까 두렵다
> ―「백동백」

심미안審美眼에 주지적主知的 모더니티가 개입한 시조다.

백설의 은유에, '천명'과 '칼'의 표상이 준엄하다. 자연에 대한 인식이 동호 시인다운 개성을 드러내는 국면이다.

> 늦가을 황혼 녘에 억새가 춤을 춘다
> 백발의 춤사위가 윤슬보다 부시다
> 노년이 즐거워야지 춤추는 억새처럼
> -「억새의 춤」

> 첫눈은 은유로 찾아오는 느낌표다
> 선녀처럼 내려와 천사 같은 마음으로
> 단 한 번 순결을 주고 사라지는 마침표다
> -「첫눈 1」

춤사위·윤슬·억새, 느낌표·선녀·천사·순결·마침표 등 비유의 매개어가 친근하면서도 관습성을 떨쳐낸다. 윤슬, 느낌표, 마침표의 함축적 표상성 덕이다. 동호 시인의 시력詩歷이 원숙경에 들었다. 가히 천의무봉天衣無縫의 경지를 엿본다. 동호 시인의 통합적 자연관은 분리의 비극을 해소한다.

(2) 자아상

동호 시인의 인생은 어느덧 산수傘壽를 헤아린다. 그는 본디 걸출한 거인巨人이라, 세상살이에 애면글면하거나 아등바등하는 '악착'에는 본성적으로 손사래다.

> 한 발짝 다가가면 싫어질라 두려워
> 한 발짝 물러나면 멀어질라 무서워

얼마나 아파야 하나 하나 되는 그날까지
　　　　　　　　　　　　　　　　　　　　　　　-「너와 나」

　완벽한 '만남'을 위한 망설임과 서성임의 표상이 적나라하게 드러났다. 대범하기로 정평이 난 동호 시인의 서정적 자아도 만남을 위한 심적 통과 의례는 초려焦慮의 아픈 과정이다.

　　　울면서 세상 만나 웃음 찾아 헤매다가
　　　주름진 골짜기에 씨앗 몇 개 뿌리고
　　　해 질 녘 시든 하늘에 잠자리를 찾는 거다
　　　　　　　　　　　　　　　　　　　　-「늙음에 대하여」

　노년을 맞는 자세가 극히 담담하다. 어조가 낮다. 안심입명安心立命의 표상이다. 이글거리던 불기운과 준엄하던 칼날 표상이 한없이 녹어 있다.

　　　쇠털같이 많은 날 바람으로 날리고
　　　안개 낀 돋보기로 모국어를 새겨본다
　　　요단강 여울목 밑에 각주를 달아가며
　　　　　　　　　　　　　　　　　　　　　-「만학晩學」

　78세에 문학박사 학위를 받은 동호 시인의 만학 표상이다. '요단강 여울목 밑에' 각주를 단다는 가붓한 상징이 시적 소통 지연 장치다. 잠시 상념에 잠기게 한다는 뜻이다. 가톨릭 신자다운 표현이다.

> 수묵화 먹물처럼 깊은 밤이 번지면
> 육안은 침침해도 심안이 눈을 뜨니
> 내 눈은 있으나 마나 마음으로 글을 본다
>
> 눈발에 시린 머리 올마다 풀어쓰고
> 가버린 청춘을 먼발치로 바라보면
> 황혼 녘 미네르바의 올빼미가 되고 싶다
> -「미네르바의 올빼미」

백발이 성성한 노년에 들었다. 육안은 흐려도 마음눈은 뜨인다. 이제는 힘자랑이나 지식 자랑이 아닌 지혜의 생을 살고 싶다는 소망의 시조다. 이런 지혜와 달관의 경지를 더 위잡은 것은 거저 된 바가 아니다.

> 바다를 호통치듯 서슬 퍼런 그 시절
> 하늘을 치받다가 바위에 부딪치다
> 나 혼자 박살 나면서 비명을 질러댔지
>
> 서산에 지는 노을 바다 고운 황혼 녘
> 내 영혼 이름 하나 세월로 지우리라
> 저 파도 숱한 사연도 물거품만 남는데
> -「파도를 보며」

서슬 퍼렇고, 박살 내며 비명 지르던 파란만장한 시간의 여울, 청·장년 시절의 무모·격렬했던 좌충우돌이 황혼녘에 이르러 고요히 침잠에 들었다.

> 오욕에 눈이 멀어 발광을 하더니만
> 그 맛은 시고 쓰고 달고 맵고 짠 거야
> 인생도 그런 거란다 그 맛에 사는 거지
> -「오미자」

　인생의 간난신고를 오미자 맛에 빗댄 시조다. 희로애락 애오욕의 일체 욕망이 부질없는 것이나 그것이 있기에 인생은 살맛이 있다는 뜻이다. 발단·전개·절정·결말의 극적 어조와 가락이 어울리게 감흥을 조절한 글 솜씨가 돋보인다.

> 언덕길 가파른 길 기는 듯 오르는 듯
> 제 몸도 못 가누는 폐차의 엔진 소리
> 피안의 강기슭에서 하직하는 이별가다
> -「이명耳鳴」

　이명을 이렇듯 호방하게 표상화한 시조는 여기서 처음 본다. 이명의 고통을 이별가로 뜻매김하는 깨달음의 시학이다.

> 시조라 써 놓고서 한숨만 내리 쉰다
> 시커먼 먹구름이 눈앞에 오락가락
> 나 지금 우수경칩에 살얼음판 걷고 있다
> -「양심선언」

　달관의 황혼 녘에도 시조 쓰기는 고행苦行이다. 언어 미학의 절조絶調를 갈무리하는 일, 이것은 또 하나 새로운 살

맛이 아닌가.

(3) 향토 의식과 가족애

향토 의식과 가족애는 한국인의 천석고황泉石膏肓이다. 농경시대 우리네의 가족애와 향수鄕愁는 동호의 시조에서도 역연히 살아난다.

> 식솔들 옹기종기 둘러앉은 그 자리
> 정화수 앞에 놓고 두 손 빌던 울 엄니
> 가슴속 뿌리로 박힌 내 엄니의 초상화
> -「장독대」

괴테가 말했던가. 하늘의 별과 대지의 꽃과 세상의 어머니야말로 우주적 아름다움의 표상이다. 정화수를 떠 놓고 천지신명께 가족의 안녕을 비시던 현장이 어머니의 장독대였다. 그 기막힌 불멸의 어머니 초상이 가슴에 뿌리로 박혔다니, 모상母像의 극한이다.

> 왜 멀쩡헌 대낮에 벌거벗구 지랄이여!
> 워쩌자구 몸뗑이를 흙탕물루 맥질했댜
> 허기야, 제 정신이루 사는 늠이 워디 있남
> -「머드 축제」

한바탕 걸쭉한 충청도 사투리 향연이다. 엄숙주의에 편향되기 쉬운 시조시인들에게 한 가지 도전 과제를 던지는 작품이다. 조선 후기의 사설시조에서 표출되었던 해학과 풍자의 어조와 '말하기 방식(the way of saying)'이 여기서 창조적으로 재현되었다. 능청스러운 현실 풍자다.

> 농사는 아무나 허능 게 아니랑께
> 헛바람 들어설랑 대처에서 빈둥대다
> 밑천을 털어먹구서 염치읎서 허능 겨?
>
> 흙부터 애껴야 혀, 내 새끼 애끼듯이
> 승질두 알어야지, 농작물 승깔 말여
> 승깔이 제각각 달러 머리깨나 써야 혀
>
> 농사는 사시사철 통박을 알어야 혀
> 조물주의 속내를 눈치채야 헌단 말여
> 진짜로 인생 공부지, 저 흙헌티 배우는
> 　　　　　　　　　　　　　　-「농부의 어록語錄」

이 시조의 화자는 농부다. 실은 신랄한 충고인데, 고향 사투리로 어조를 낮추고 마음을 풀어 눙쳐가며 할말은 다 하는 특유의 충청도 토속 화법을 구사했다.

> 바람만 드나드는 고향집 헛간에는
> 손바닥 물집 터진 아버님의 호미가
> 지금도 먼지를 덮고 긴 잠을 자고 있다
> 　　　　　　　　　　　　　　-「호미」

고향집에서 선친의 손길을 느끼려 한다. '뼈마디 연골처럼 닳고 닳은 한평생'을 아프게 회고하는 장면이다. 감정의 파열음을 다스리며 어조를 적이 눅었다. 시조인 까닭이다.

    코로나 핑계 대고 수염을 길렀더니
    에스키모 같아서 할배가 무섭단다
    당장에 이발소로 가 수염부터 깎았다
                                          - 「손자가 무서워」

손자 앞에서 천하의 동호 시인도 무장 해제다. 시적 텐션도 풀렸다.

(4) 사회 · 역사의식

동호 시인은 우국지사憂國之士다. 그가 사회와 역사를 주시하는 눈은 자못 형형炯炯하다.

    언제 어디에서 무엇을 하고 있나
    부릅뜬 카메라가 내 몸을 훑어본다
    얼마나 소름끼치고 황당한 일인가
                                            - 「감시 카메라」

불신과 감시의 도구인 감시 카메라에 노출된 현대인의 처지에 대한 분노의 어조가 서렸다. '인권을 내세우며 정보를 핑계 삼아' '개인을 통제'하는 빅브라더의 세상이 된 현실을 개탄한다. 어조가 강경한고로 텐션이 풀렸다.

열병식은 평양에서 북한공연 강릉에서
올림픽 전야제냐 인민군의 창군행사냐
아리랑 쓰리랑 아리랑 쓰리랑 아라리요
- 「평창 아리랑」

  2018년 동계 올림픽에서 벌어진 '남북한 평화 쇼'를 비판한 시조다. 개최국의 태극기 대신 한반도기를 드는 오천만 잔치상에 '핵수저가 웬 말이냐'고 어조를 높인다.

백골 된 돌다리는 달빛이 낭자한데
포은 공 일편단심 피 토한 곳 어디냐
청사에 두 무릎 꿇고 이실직고 하렸다
- 「선죽교 비가悲歌」

살아서 죽었으니 하늘에 계십니까
죽어서 살았으니 땅 위에 계십니까
당신을 찾지 못하니 민망하기 그지없소
- 「아, 안중근安重根」

조국이 뭐길래 독립이 뭐길래
수인번호 264, 감옥살이 열일곱 번
참으로 기구한 운명 모질게도 사셨소
- 「광야曠野」

한겨울 야윈 새도 발자국을 남기건만
산화한 청춘이여, 어디에 잠 들었나
오는 봄 햇살 퍼지면 복수초로 깨어나게
- 「최전방 고지에서」

> 오백년 사직의 터 왕궁이 코앞인데
> 핏발 선 언어들이 비수로 꽂힐 때면
> 세종이 가슴을 치네 충무공이 탄식하네
>
> -「광화문」

　이방원 무리의 철퇴를 맞고 선죽교에 피를 뿌린 포은 정몽주, 나라의 대적 이토 히로부미를 총살한 안중근 의사, 광복되기 한 해 전에 순절한 독립운동가 이육사 시인, 6.25 전쟁에 산화한 휴전선 영령들의 순국 혼을 기렸다. 과대 선전·선동으로 광화문 광장을 광기의 소용돌이로 휩쓸었던 불의한 무리들을 질타한 시조다. 2016년 애사哀史 말이다.
　역사 사회의식이 비등하다 보면 시적 화자의 어조가 켕기고, 미학적 텐션은 긴축성을 잃기 쉽다. 사회시 창작의 난제難題다.

> 드넓은 만주벌판 한눈에 굽어보며
> 대륙을 치달리던 준마의 발굽소리
> 호태왕 용천설악에 서릿발이 서렸노라
>
> 원광법사 세속오계 화랑의 얼이 되어
> 호국의 푸른 기개 하늘까지 치솟더니
> 파천의 대업을 이룬 신라통일 아니더냐
>
> 멀건 보리죽에 피죽 맛이 서러워도
> 초근목피 짓씹으며 보릿고개 넘어가며
> 온 겨레 피땀을 모아 경제대국 이뤘노라

역사의 굽이마다 산화한 넋들이여
혼돈이 난무하는 이 시대를 어찌하랴
분열은 망국의 길이다 화합으로 뭉쳐라

너 민족의 양심아, 민족혼의 불꽃이여
외쳐라 나라사랑 노래하라 문화 강국
동방의 밝은 빛이여, 내 조국 코리아여!
-「내 조국 코리아」

　동호 구충회 시인은 애국자다. 위에 인용된 다섯 수는 동호 시인의 애국 서사시 「내 조국 코리아」 총 열다섯 수중의 일부다. 고조선의 건국이념인 홍익인간 사상에서 시작하여 우리 역사의 결정적 사건들을 연대순으로 짚었다. 그리고 목전에 펼쳐지는 역사 현실의 난맥상을 준열한 어조로 질타하며 민족 통합을 독려한다.

　호방한 천하 호걸다운 동호 시인의 장엄한 어조가 이 땅 독자들의 심령을 고동치게 할 시조다. 이육사 이후 이런 웅혼한 어조는 처음 만난다.

생존의 무게만큼 폐지는 천근만근
골절로 뒤뚱대는 리어카 두 바퀴에
할머니 숨찬 하루가 노을 되어 감긴다
-「할머니의 하루」

　시적 화자의 눈길이 폐지를 주워 생계를 이어가는 할머니의 고된 노동 현장에 머물러 있다. 노을 지는 저녁이다.

이미지 형상화, 보여주기(showing) 시학 구축에 성공한 사회시다.

> '엘리제를 위하여'가 잠든 밤을 깨운다
> 피아노의 영롱한 독주곡이 아니라
> 아기를 부탁한다는 미혼모의 절규다
> -「엘리제를 위하여」

사회 문제로 떠오르는 '미혼모 문제'를 부각한 사회시다. "맹세코 엄마는 널 버리는 건 아니야."라는 절규로 메아리치는 「베이비 박스」와 함께 읽힐 작품이다.

> 하늘을 솟구치던 비상은 꿈이었나
> 중금속 미세 먼지 잿빛으로 찌든 날
> 솟대 끝 새 한 마리가 눈 못 뜨고 서 있네
> -「미세먼지」

미세 먼지를 지배소支配素(dominant)로 한 생태 시조다. 유엔기후변화협약에 탈산소화 정책이 심각하게 논의될 만큼 중요한 환경·생태 문제에 문인들은 놀라울 정도로 무심하다. 20세기 말에는 생태주의자들이 목청을 높이며 떠들썩하더니, 이제는 '묵언 수행 중'인가. 이데올로기 생산자들답다. 이럴 때 동호 시인이 생태 시조로 세상을 맑히려 나선 것은 범상한 소식이 아니다. 시각 표상으로 표출된 종장이 시상을 살렸다.

　　　　나에게는 봄바람 남에게는 칼바람
　　　　눈동자가 기울어 사시가 되고 보니
　　　　이성은 허상이 되고 독선은 실상이다
　　　　　　　　　　　　　　　　 -「내로남불(naeronambul)」

　집권층의 위선을 에둘러서 고발한 시조다. 정상적인 인간이 상상조차 할 수 없는 발상으로 나라의 근간을 뒤흔드는 집권층의 행태는 혀를 내두를 정도다. 날이 새기가 무섭게 모진 구설로 정상적인 국민의 비위를 뒤틀리게 하는 장관과 국회의원의 언동이 6.25 전쟁 이후 국가 스트레스 지수를 최대치로 치솟게 한다. 특히 똑같은 사안에 대하여 자기네 잘못은 잘못이 아니고, 반대편 잘못만 잘못이라고 절치부심하는 '내로남불'은 세계적 웃음거리가 되어, 미국 신문에까지 영문(naeronambul)으로 보도되었다. 민주와 정의의 투사였다는 인사들이 자행하는 목불인견의 행태를 에둘러 질타했다.

　　　　붇다가 헐다가 벗겨지다 찢어지다
　　　　얼마나 쓰릴 거냐 얼마나 아릴 거냐
　　　　그 손을 꼭 품고 싶다 코로나와 사투 벌인
　　　　　　　　　　　　　　　　　　　 -「어떤 손」

　신종 코로나 감염병(COVID-19) 치료에 밤낮으로 헌신해 온 우리 의료진, 특히 간호사들의 희생적인 분투의 실상을 보여준다. 내로남불의 좌절감에 의욕을 상실했던 독자들을 분기시키는 '좋은 소식'이다.

> 단 한 번 사는 인생 사람답게 사는 이여
> 가는 해 끝자락에 무거운 돈 놓고 가면
> 그 얼굴 어떻게 보나 쥐구멍을 찾는 나
> 　　　　　　　　　　　　　　-「얼굴 없는 천사」

연말마다 익명으로 자선하는 '얼굴 없는 천사'의 그지없는 선행을 기리며 스스로를 부끄러워하는 국면이다. 이타利他의 윤리 의식을 환기하는 시조다.

(5) 전통미

동호 선생은 시조시인이고, 시조는 전통시다. 동호 시인이 우리 전통문화에 무심할 리 없다.

> 수막새 얼굴무늬 은근한 그 미소는
> 얼음도 녹여낼 듯 다사로운 미소다
> 천년을 빚어서 만든 신라의 미소란다
>
> 허욕을 좇다 버린 달관의 미소냐
> 번뇌를 벗어 버린 열반의 미소냐
> 석가의 이심전심에 가섭의 염화미소냐
> 　　　　　　　　　　　　　　-「천년의 미소」

> 오백 년 사직의 꿈 풍운만 오락가락
> 외압에 찌든 하늘 신음으로 잠들더니
> 덩그런 달덩이 하나 태몽으로 떠 있다

-「달항아리」

세상에 시조마냥 큰 그릇이 또 있나
천체天體를 담아내도 빈구석이 남는다
채워도 채울 수 없는 여백의 미학이다

-「여백의 미학」

핏줄로 이은 노래 천년이 서린 얼은
인류의 정신병을 치유하는 시조란다
온 세상 울려 퍼져라 천년의 메아리여

-「천년의 메아리」

십 년 앞 뚫어보고 양병養兵을 호소해도
태평성대 풍파란다 탄핵彈劾이 웬 말이냐
쌓인 한恨 멍이 든 후회 땅을 치며 통곡하네

-「오죽烏竹을 보며」

노적봉 바위 밑에 혼불을 지핀 이여
혼불을 지피다가 제 영혼을 사른 이여
그대의 모국어 사랑 무궁화로 피어라

-「혼불」

    수막새·달항아리·시조·오죽헌·혼불은 모두 우리 전통미를 대표하는 소중한 문화유산이다. 수막새의 숫되이 달관한 미소, 우주적 정밀靜謐을 품은 유백색乳白色 달항아리는 우리 전통 예술의 극치를 이룬다. 이 절대미 앞에서 언어 예술은 적이 얼굴을 붉힐 것이다. 시인의 창조적 고투야 더 말하여 무엇하랴.

동호 시인은 시조를 '여백의 미학', '천년의 메아리'라고 했다. 시조 쓰기를 행간에 침묵을 심는 행위라고 할 때, 침묵의 공간은 여백이다. 여백의 미를 섬기는 우리 고전 예술의 통성通性은 시·서·화·도陶의 일치다. 7백세인 시조를 '천년의 메아리'라 한 것은 미래 지향적 항존성(timelessness)을 지향함이다. 율곡 선생의 '십만 양병설'(이설도 있음)을 부각한 것은 오늘날의 역사적 상황에 오버랩 된다는 점에서 의미가 있다. 최명희의 「혼불」은 전통 의례와 가풍을 재현한 작품이라는 의미가 있다.

　우리의 아름다운 문화 전통을 창조적으로 계승하고 세계화하는 것은 세계 10위의 경제 강국인 이 나라가 문화 강국으로 발돋움할 지상至上 명제다. 영화, 실용음악 등 대중예술이 세계화 바람을 일으키고 있듯이, 우리 고급문화의 세계화도 꿈이 아닌 현실이 될 것이다. 청자, 백자, 한지, 한복, 한식, 한옥, 고유놀이, 조각, 그림, 판소리(뮤지컬), 시조, 건축술 등은 인류 보편적 양식으로 재현하여 세계에 전파할 수 있을 것이다.

3. 맺는 말

　이 글은 시조가 고전 문학의 32개 장르 가운데 20세기 이후까지 살아남은 유일한 민족 문학 장르라는 말로 시작되었다. 자유주의의 확산적 사고가 지배하는 이 열린사회에서, 정형적整形的 문학 양식인 시조를 현대화하는 일은 만만찮은 도전적 과제임도 밝혔다. 이는 가락·정서·역사·사회의식思惟 간의 길항拮抗 관계를 지양·융화할 창작의 묘리妙理가 요청되는 난제難題다. 동호 시인의 이 같은 시조 미학적 과제의 해법은 작품의 주요 제재인 자연 서정, 자아상, 향토와 가족, 사회·역사의식, 전통미를 통하여 드러날 것이다.

동호의 시조는 자연 서정의 표상화 수준에서 절륜의 경지를 넘본다. 그는 우리 자연 서정의 정적미靜寂美를 역동의 시학으로 변용시킨 선구자다. 천박성을 떨친 과감한 에로티시즘, 흐름소리와 콧소리의 음성 미학적 효과를 활성화하는 가락과 서정의 완벽한 조화가 절정에 이르렀다. 자연 서정과 에로티시즘의 조화라는 측면에서 이효석의 서정 미학과 접맥된다.

표상의 치열성에 비하여 사뭇 눅은 기색에 잠겼던 자연 서정 표출의 어조는 사회·역사의식에 이르러서는 팽팽히 켕긴다. 감시 카메라의 포로가 된 현대인, 폐지 수집 노인의 삶의 무게, 미혼모의 절규, 인류의 생존을 위협하는 미세 먼지, 기후 재앙 등 사회의 병폐와 배리背理를 아파한다. 특히 미세 먼지와 기후 재앙을 제재로 한 생태 시조를 새삼 전경화前景化한 점은 주목할 대상이다.

우국충정의 시인 동호 선생의 시적 자아는 숭고미의 표상인 계백·이순신·안중근·이육사·6·25전쟁 희생자 등 역사상 거인들을 숭모하며, 오늘의 부조리한 역사적 현실을 준엄한 어조로 질타한다. 특히 광화문 촛불 시위 이후 권력자들의 위선(내로남불) 앞에서는 더욱 목청을 높인다. '시인의 사명'에 투철한 예언자적 지성의 발로다.

우리 고급 전통문화 유산에 대한 동호 시인의 애착은 남다르다. 그가 대학과 대학원에서 국어국문학을 전공하고, 시조 문학 연구로 박사학위를 받은 시조시인이라는 이력이 그 현저한 증거다. 동호 시인이 세계전통시인협회 한국본부 이사직을 맡아 시조의 세계화 운동에 앞장서게 된 것도 우연이 아니다. 우리의 대중문화가 세계 문화계에 지각변동을 일으켰듯이, 시조를 비롯한 한지·한복·한식 등 고급문화의 세계화가 꿈이 아닌 현실이 될 것이기 때문이다. 동호 시인이 우선 K-poem인 시조의 세계화의 길에서 선도자로 분투하리라 믿는다.

동호 시인의 질박한 충청 방언으로 토속미와 심미적 윤리 소통을 시도한 것은 시조계의 신 풍속으로서 의의가 있다. 다만, 가락과 정서와 사회·역사적 사유思惟·초월 의식을 화학적 시조 미학으로 영글리는 고도의 시조 창작 기법 정립은 미완의 도전 과제로 남는다. 사회·역사 문제의 형이상학 지향 의식의 심미적 거리(aesthetic distance) 문제야말로 최대 난제다.

끝으로, 동호東湖 구충회具忠會 박사의 산수연傘壽宴을 송축頌祝하며, 제2 시조집 『천년의 메아리』 상재上梓를 삼가 기린다.